Paul Gisi
Moosauge
Im assyrischen Palast
Der Zackenbarsch träumt

Books on Demand

Bibliographische Information der Deutschen National-
bibliothek: Die Deutsche Nationalbibliothek verzeichnet
diese Publikation in der deutschen Nationalbibliogra-
phie, detaillierte bibliographische Daten sind im Internet
über http://dnb.dnb.de abrufbar.

© 2020 Autor: Paul Gisi, op.122
Umschlagbild Ludwig Weibel
Herstellung und Verlag:
BoD – Books on Demand, Norderstedt
ISBN 9783751993883

Paul Gisi

Moosauge
Im assyrischen Palast

Der Zackenbarsch träumt

Inhalt

Moosauge

Liebesgedichte

Verschattet
das glockige Wort –

du singst
in der Doldigen Schwanenblume

♫   ♫

Lichtfäden
   Schattentropfen
LUFTALGEN
– ich schenke dir Welt

♫   ♫

Deine Haut
Harfenklang

silbrig blitzend
tanzend
deine Finger

♫　　♫

Die Orchidee
im Waldschatten
des Schweigens
singt für dich

♫　　♫

Der Staub
das Unendliche
im Kreislauf der Leere
im Liebesglück der Täuschungen

♪   ♪

Du mein Blauer Prachtkärpfling
mein Schmuck-Chorfrosch
meine Wiesenflockenblume
mein Sternbild Wasserschlange
D U

♪   ♪

Wuchtig schluchtig
die Abgründe des Universums

im Concertino für zwei Oboen
warte ich auf dich

♫   ♫

Aus Billionen Lichtjahren
in die Planetenzeit gestürzt
ins Wunder
    des Tagpfauenauges
       des Zackenbarschs
IN DEIN LACHEN

♫   ♫

Wirrspiel der Worte
im Heulen des Sturms

♫   ♫

Der Taumelkäfer
studiert die Existenzphilosophie
– ich deinen Körper

♫   ♫

Ich gewähre dir
Unterschlupf bei mir
in dieser zerrissnen verbissnen Nacht
– komm!

♫   ♫

Dein Körper
ein Kometenschweif
ein Blaustern

♫   ♫

Giovanni Sgambatis
Streichquartett op. 17
wie silbrige Blütenhaare

♫   ♫

Mit dir
verstehe ich alle Sprachen
spinne mich ins Schweigen ein

♫   ♫

Abbild der Welt
in den Verwandlungen
IN DEN WILDEN BEEREN
DER ERKENNTNIS

♫   ♫

Ich nähere mich dir
in Dvořáks Cellokonzert
in Louize Labés Liebesgedichten
– und wenn du schläfst
komme ich als Traum zu dir

♫   ♫

Mit Siebenmeilenstiefeln
des Winds
    über Felder Flüsse Seen
    Teufelskraut und Engelwurz
eile ich zu dir

♫   ♫

Wir finden uns
in allen Himmelsrichtungen
    in den Regenwolken
    in den Sonnenstürmen
IM KUSS

♫   ♫

Wortlos der Puls
des Ursprungs und des Ziels –
Wirklichkeit
blickt in sich hinein
und findet nichts

♫   ♫

Ineinander verflochten
   im Wort
      im Schweigen
IM SAFT DER KRAUSBEERE
– gestrandet
an einem unbekannten Archipel

♫   ♫

Sandgelbes Schweigen
in der Einhäusigkeit
des Maiskolbens
dir geschenkt

♫   ♫

Die Saturnmonde tanzen
wie silbrige Fischschuppen
in deinem Atem
in der Weisheit der Winde

   Wasserfälle des Himmels
   stürzen in dich

♫   ♫

Deine Worte
FADENALGEN
aus feuchtem Erdreich

♫   ♫

Verdunkelnde Wolken
der Verblendung
verwoben mit allen Wesen
tanzend in den Verwandlungen

♫   ♫

Auf der Suche
nach dem Schwarzen Loch
in den Augen
der Korallenschlange
in den Träumen
der Medusensterne
finde ich DICH

♫   ♫

Das irisfarbene Einssein
mit dem Unendlichen
kreist auf den rosettigen Blättern
des MOOSAUGES
in der Pupille des Weltalls

♫   ♫

Du erleuchtest
meine Verdunkelung
kleiner Korallenwels
im fiebrigen Traum

ich wache auf
in deiner Umarmung

♫   ♫

Der Sonnenstrahl
des Geigentons
trifft in der Höhlenfinsternis
VERZWEIFLUNG
– schau und horch
vielleicht will sich
HOFFNUNG regen

♫   ♫

Sommerwind buckelt
übers Mondgestein
seidelbastgestreift

♫   ♫

Ich spiele
das Zupfinstrument
des Nachthimmels
das Arioso
deines nackten Körpers

♫   ♫

Sterne wie Protozoen
auf der Regenbogenhaut
deines in die Ferne gerichteten Auges
– flammend umarmt
atmen wir uns ein

♬   ♬

Plankton der Jahrmillionen

dunkle trunkne Staubwirbel
die Menschen

♬   ♬

Liebeslustekstase

♫   ♫

Das Sternbild *Kranich*
fliegt auf deinen Lippen
im Kuss
ins Grenzenlose

♫   ♫

Der Wind wirft Dämmerung
ans Ufer

die kugeligen Igelkolben
tanzen

– wir umarmen uns

♫   ♫

Mit dir
im Silberschuppenhaus
wohnen

im Glyzinienblau
singen

♫   ♫

Rissige Nacht
fluchtlos
LICHTINSUFFIZIENZ
der insularen Liebesirrheit

♪   ♪

Ich spiele für dich
die Cellosonate
des Wiesenaugentrosts
schenke dir ferne Kometen
in dieser Nacht
in der ich dich umarme

♪   ♪

Der Flugdrache in dir
im Stundenwinkel der Äonen –
ZIRKELSCHLAG DER EWIGKEIT

♫   ♫

Konfus geworden
die Himmelsrichtungen
nicht mehr zählbar

♫   ♫

Hab acht vor der Nacht
Ströme fliessen ohne dich –
einerlei das Ziel

♫   ♫

Schwimmend schwebend
in gläsernen Gehäusen
die Sehnsucht
für einen einzigen Feldmohntag
mit dir

♫   ♫   ♫   ♫

Im assyrischen Palast

Der Zackenbarsch träumt

Ins Nichts des riesengrossen Pelinkanauges

Durchquerungen einatmen ausatmen ins Kosmische fallen fallen Dunkelheit tonlos tanzen mit den Protuberanzen in den Bärblingsschwärmen durch brennende Kreise schreien Planeten auf der Fingerbeere jonglieren ausbalancieren lachen weinen Masken als Höllentore hin ins Nichts des riesengrossen Pelinkanauges

Im assyrischen Palast

Zottlig die Worte rotschopfig das Schweigen vom Wind geschwellt der Traum wir vereinigen uns im Kurvenmaximum im assyrischen Palast Raben wie Notenhälse roulettvergnügt und fern das Larghetto cantabile von Luigi Cherubini

Im Schallbecher ankern

Rissig das alte Mauerwerk das kümmert die Purpurschnecke nicht im Schallbecher ankern die Saturnringe Possenreisser ringsum Luftsprünge fortissimo possibile der Borstenwurm lacht homerisch im Flusstal küssen wir uns lustgeriffelt der Schlaf die Schmarotzerpflanze lacht Harpyien im Nachthimmel höllisch das Krebsauge kollrig die Früchte rochengrosse Angst dennoch zu singen im Schilfdickicht unterm Mond

Sandbraun dein Körper

Gespräch mit dem Meeresgott viril zuplinkernd rosmarinverstraucht das Sterngeflimmer schwarzäugig die Henkelkanne harlekineske Galaxien als Papierschlangen auf dem Rummelplatz des Universums Vogelgezwitscher liebestoll im Monsunregen verplustert sandbraun dein Körper

Neblig gewimpert rostrot

Aushäusig die Worte Messa voce neblig gewimpert
rostrot im Lustfest der Rippenquallen ächzend alt
wie Kugelhaufen dein Körper

Beiläufig wie alles Wesentliche

Moostierchensilbrig die Arpeggien der Sterne
denkt die Amöbe flötend der Korallenbaum im
Meer die Coniunctio des Oberen und des Unteren
in der geschweiften Linie des Rokokotischs seg-
mentär unsre Beziehung verschollen limos verwir-
belt Leukozytose encourariert der Augenblick ver-
fetzelt aufgebläht fibrulort so beiläufig wie alles
Wesentliche

Centaurus beschläft Cassiopeia

Paul Klees «Senecio» in der Stratosphäre die Kithara tänzelt als Einmaster durchs Weltall Worte wie Brandungsgeröll zu Fusse der Klippe die Wanderdüne lässt sich viel Zeit Centaurus beschläft Cassiopeia selig die beischlafen ach das ist ein Techtelmechtel ein wüstes Klamuprosieren am Himmel der dicke Dirigent stürzt vom Podest auf einen dünnen Violinspieler und bricht ihm im Niedersturz wie nebenbei das Genick die Pauke prozzt motzig das Finale festet sich selbst

Die zerzauste zerzupfte Zeit

Nebelfleckige Angst im Staccato die Saite wird zerreissen in der Atemlosigkeit die zerzauste zerzupfte Zeit zockelt zwackelnd verwirrt mitten in die Täuschung hinein eiei und da gibt es noch Philosophei

In Hethitisch

Die Spatzen disputieren wichtigtuerisch in Hethi-
tisch marmorgemasert die Seele des Wiedehopfs
brennend gellend das Arrondissement der Mega-
stadt der Musikus verirrt sich in Leibniz`sche Mo-
naden der Kyniker verachtet weiterhin Staat und
Sitten und dergleichen und mehr und weniger und
überhaupt und so ist alles halt nicht

Allerlei ist einerlei

Schleierhaft was du sagst Schlangenfiguren deine
Notenlinien schlauchartig hoho! igittigitt! im
Brennpunkt deiner Gedanken tanzt das Nichts al-
lerlei ist einerlei doch das Ende findet den Neuan-
fang circumscriptum Polarwinde sausen blas die
Zauberpfeife zur Geisterbeschwörung Wort-
schmied nimm den Ziselierhammer in die Hand
schmeiss die Halskrause weg Spassmacher sind
alle im Konvexspiegel der wu wun wunderbaren
Wi Wir Wirklichkeit

Auf den Meeresgrund

Der Pfarrer hatte im Beichtstuhl immer viel zu tun sich zu befriedigen da sind die Bäume asketischer sie fliegen fort in den blauweissen Himmel keusch und mit Früchten behangen die Eisenbahn tauchte wie eine Seeschlange auf den Meeresgrund um nichts zu beweisen

Der Atem reicht sehr weit

Sich zu quaprokuloren ist keine Kunst der Atem reicht sehr weit achte das Getier nicht krikra zünde die Sonne an lache lache körperumkörpert die Luft stinkt sowieso ist alles eh egal Motoren krachen im Gebein der Li-liguster zappelt erotisch durchgeistigt alles ist das Eine oder nie

Die entfesselte Nacht

Hodenförmig die chinesische Porzellanvase die
ägyptische lesbische Sphinx träumt von tanzenden
nackten Göttinnen du hörst Choralnotationen heilig
heilig die entfesselte Nacht im Flachmoor quakt ir-
gendetwas irgendwer Wind Wind gewittrig eisna-
delwolkig o Trug Luststurz der Messerwerfer flieht
in die Nacht

Hinter der Hoffnung kein Weg

Hinter der Hoffnung kein Weg die Enzyklopädie
löst sich auf im Flickwerk der Gegenwart rö-
chelnde Abgottschlange bralulorend wüst und öd
wellend bellend unterm Zitronenbaum ich bevor-
zuge Samoswein hasse Prunkliebendes piff paff
puff magisch suprofanisch magnifik der Fick im
Konvikt grotesk cyanblau anekdotenreich heidel-
beerschwarz Tumult der Wahrnehmungen ach tun
wir nicht so als ob es Wahrheit gäbe alles ist
schliddrakulös ein spektakulärer Reinfall Abfall
Durchfall dennoch tanzen Moostierchen Superno-
ven in der Transzendenzphilosophie des Eremiten
so ist das halt knapprurumorend oder nicht

Im Irrgarten

Senubrabuhend das Hopphei im Irrgarten en bloc
überschlagen unterschlagen protokolllos fernerhin
der Findlingsstein vorklinisch topographisch der
alte Unterboden wollhaarig das alles nicht fassbar
korianderölig der Lichtstumpf in deinen Augen so
hell so hell so dunkel so dunkel wie ein Kletterfisch
an den Herzwänden unter der frivolen Haarlocke
des Mädchens im Flötenspiel des jungen Manns

Gipfelnd im Nichts

Schrundige Worte nachteulig schreiend im küseln-
den Wind Hämorrhagie der Sterne gipfelnd im
Nichts in den aufgeweichten Horizonten in dir ak-
korddissonant einzelschicksalig fahlgelbes Phan-
tom jetzt und immer und überhaupt nie

Keilschrift des fischschwänzigen Winds

Lass dich fallen in dich du erfährst das Vieltausenderlei der C-Dur-Tonleiter der Barockantiqua der imitierenden Nachtstimmen den geheimnisvollen Jubel der Bratsche den Tanz der Zulus der turbanbemützte Schlangenbeschwörer lacht entziffere die Keilschrift des fischschwänzigen Winds wie ein Tatzelwurm basiliskengleich rolle die Schriftrolle auf und zu jungsteinzeitlich geflügelt im Kreuzrippengewölbe des Schweigens

Unterm Sonnenschirm räkelt sich die Sinfonie

Ein Ozeandampfer ist in der Zigarre an Trockendock gegangen gestern im Tertiär verlor ich dich da kann man nichts machen wenn ganze Häuserzeilen durchs Auge fliegen unterm Sonnenschirm räkelt sich die Sinfonie nur ist sie leider noch nicht komponiert Loggobra schulunabro in der Zahnlücke der byzantinischen Kaiserin monoklines Prisma des Bauchnabels Fagottfaxen macht was ihr wollt

Die Piccoloflöte auf dem hohen Seil schlägt Saltos

Klappertopfzottig die Liebeslustzuneigung pluderhosig in der Orgelwindkammer sausts und brausts wie erotisch der Purpursaum am dicken Buddhabauch die Piccoloflöte auf dem hohen Seil schlägt Saltos der Deichwärter schläft weil nichts gut ist lass alles gut sein ob Backbord oder Steuerbord die Möwen kümmerts nicht blassblau berieselt quarzpophyrig schachtelhalmig umschiffen wir die Klippen vorgestülpte Lippen im Geäst des Yggdrasil zulachend Capriccio kometenhaft pizzzicato im schuddernden Abendwind taumelnd in deinen Armen

Der Fadenhopf singt die Matutin

Verschlungen umschlungen was für eine Wortbild-Enfleurage welche Gewinnung feiner Blumendüfte kalumuntschend im Morgenrötlichen die Labialorgelstimme steigt in die Wolken hinauf lusigando der Möwenstrich mustert den Himmel abstrakte Kunst Ripieno volles Orchester mit Johann Nepomuk Hummels Messe Op. 80 schlemihlisch Okeanide die Meergottnymphe rabenkrähend der Fadenhopf singt die Matutin der Brand greift um sich ergreift die Wälder die Ganglienzellen des Weltalls es gibt nichts zu retten nur zu lachen

Auf der Spitze des Narrenzepters

Entfesselt von deiner Schönheit von deiner stern-
schnuppigen Lockenpracht additive Farbmischung
windgeriffelt auf der Spitze des Narrenzepters ku-
geln sich Molldreiklänge alles kraquoloret und rab-
buzzinzelt in der Elegie des waroggelnden Koral-
lenmooses in den Netzfaserschwammknospen es
wellt und wallt der Atem sturmgefurcht feurige Ab-
zesse im Universum zermalmend die fiebrige
Danknehmigkeit dannenhero zuckend auffussend
im Scheitern Miselsucht Wehtage kieloben schrei-
end auf dem Irrweg im Fallen

Harlekin du

Lass dich in dich fallen du findest alles die Tonlei-
ter der Lust Raubkäfer Pyramiden Odalisken Leit-
motivisches mönchsgeiere durch die angebellte
Nacht Harlekin du hinterglasmalend wühle dich
artverwandt ein ins Dämonenhafte nüchtern besof-
fen so oft du willst verweigere Vernunft bring es
auf den Punkt nichts zählt

Ruderfusskrebsgedanken in der Illusion

Fischäugig das fahle silbrige Weltalllicht Ruder-
fusskrebsgedanken in der Illusion mussobra komm
nackt zu mir belcantesker Wein ist parat ich kleide
dich ein mit meinen Küssen lachen wir in den Auf-
flammungen die uns einäschern

Choralsingend opiumrauchend

Sich hinzusetzen und so zu tun als würde man Jean
Cocteau lesen und den vorüberfliegenden Bäumen
zusehen choralsingend opiumrauchend auf dem
Schlammkegel umarmen sich Zobel und Wiesel
tschinellend und triangelnd das Weltall auf dem
Paukenfell herrlich entfesselt das Chaos die Milch-
strasse eine Zündschnur fürs Finale aus und amen

Châteauneuf-du-Pape-farben
das Wort

Châteauneuf-du-Pape-farben das Wort in den
Karsthöhlen des Schweigens schwindelerregende
Schönheit prophetisch die Tänzerin falterblumig ad
oculos die Wirrwarrheiten verzwicktzwackelt
triuborr ausweglos brennende Städte Sic et non
ausgestaltet schicksalblutend aufteufelkommraus
nichts zählt mehr

In den Fjorden der Seele

Unauffindbar der Eudämonismus in den Fjorden
der Seele hermaphroditisch das Andantino am
Baum mit Bitterfäule silbrig das Vergessen

Es ist ein burleskes Hotten im Wald

Gimpel gumpen der Hornist bläst wie verrückt auf der Tannenspitze es ist ein burleskes Hotten im Wald krächelig die Hexe Missverstand greift allerseitig feldsiech um sich Bi-Yän-Lu lacht

Ein Reifpilz mit ockerfarbenem Hut

Ein Reifpilz mit ockerfarbenem Hut stolziert mit schwirbligen Gedanken durch die Landschaft Belcanto liegt in der Luft wie gut dass niemand weiss dass ich Rumpelstielzchen heiss es war wirklich Mozart der mich nachts besuchte die Welt weitete sich aus Diastole verrauche die Sonne in der Wasserpfeife das Riesenrad in deinen Augen dreht sich wie ein Mühlsteinkragen um den Hals einer französischen Dame im siebzehnten Jahrhundert besteig die Kalesche auf dem Weg ins Nirwana mit Chopin im Herzen doch lerne zuerst noch zehn Sprachen vielleicht brauchst du sie in der Sprachlosigkeit des Nichts allerdings verstehe ich dich wenn du sagst genug ist genug auf auffliegst fortfliegst und nicht mehr gesehen

Orgelnder plauzender Wind

Orgelnder plauzender Wind im Ohr schuldunfähig
über die Küsten der Hirnlappen fegend fünfsaitig
trippelnd wippelnd rippelnd kribbelnd nippelnd
eine Robinsonade ich pokuliere würdevoll mit Ai-
olos krrolufon verwischte Grenzen lebhaft bewegt

Kleines Capriccio auf den Zehen

Der alte Mandarinenbaum stöhnt ächzt rabulort
kollert sich durchs Alter kleines Capriccio auf den
Zehen der Bajadere der Eisvogel baut sich sein
Nest in alkyonischen Tagen das Meer schaut in sich
hinein und ruht sich aus derweil Sterne kribbeln
und krabbeln wie Flöhe als hätten sie nichts Ge-
scheiteres zu tun was solls

Der Clownsfisch lächelt

Zi za zu im Frack in der Wägung der Verwandlungen tollkirschenalkaloid o Belladonna denkt der Sonnengucker der Clownsfisch lächelt das Universum lädt die Meerorange zu sich ein es ist ein Sichfinden und Sichverlieren in der Masslosigkeit im Ritual der Liebe offrakuliert

Grossäugige Lust der Holunderdolden

Ob durchs Mikroskop oder Teleskop zu schauen ist einerlei in deiner Hand ist alles zu finden Wirklichkeit lauert auf und zersetzt sich ein Mummenschanz alles verkleistertes Nichts bleib weltallaushäusig im Kernlosen die Schönheit des federigen Körpers trinke grossäugige Lust der Holunderdolden ha wähle den Weg fragolor Schiff ahoi zieh dich aus salbe dich ein mispelfruchtig da capo al fine denn was gut ist ist noch lange nicht gut

Das guckerscheckerte Mädchen

Elbisch dein Geflatter sehe ich dich aus dem Luft-
ballon Goldmakrelen teilen den Ozean ein Mu-
sikclown hüpft irr tudelnd im babylonischen Ka-
lender umher jaja jedem seine eigne Verrücktheit
das guckerscheckerte Mädchen schreibt Liebes-
briefe die nie abgesandt werden igelginsterig die
Introversion hüpfzüpf die Mänaden im Nebelhaften
im verlornen Lichtchen morendo gespielt lädierter
Karnevalmorgen Hannibal ad portas wie juckelnd
unpraktisch dies zu sagen oder nicht

Bleib irrelevant

Lass es gut sein lass es nicht gut sein auf dem Ru-
nenstein plustert sich das Weltall schnörkelig das
Wort seidenglänzend das Schweigen Fährmann hol
über in der Gesteinsfaltung schlummert der Feigen-
baum verwittert hürnend bleib irrelevant

Silberfädig das Lustgespinst

Silberfädig das Lustgespinst wie Schabenkraut un-
abwendbar vorfeiernd zellular ich heisse dich will-
kommen wer oder was oder wie du auch bist komm
zu mir wir fahren zur See stürmen donquijotesk
Windmühlenflügel der Zirrokumulus in deinem
Auge die assyrische Portalfigur zwinkert dir zu in
der phönizischen Schrift geschrieben unsre Zunei-
gung Palmblattschrift des Herzens miteinander ent-
ziffern wir auch das

Äonenlang allein durch Schreck-
sekunden

Dich zu finden hätte mich gerettet jetzt irre ich äo-
nenlang allein durch Schrecksekunden durch grau-
blaue Sandschichten der Verlorenheiten im Bra-
quam fast hätte ich dich erreicht im Traumhumus
ipso facto im Katzenhai im Zwergfilzkraut in der
Tonleiter im Aquarius zu Deneb Kaitos gickes-
gackesbrimborial in der Sargonsburg bist du mir
durch den Luftkanal entschwunden auf der
Takaroa-Insel im Pazifischen Ozean fand ich dich
auch nicht o die vertrackten Zerrspiegel zerbrösel-
ten Viadukte Vexierbilder der rappeldürren Ver-
nunft ich gab es auf dich zu suchen und hörte dich
singen in mir

Der Einsiedlerkrebs

(Ein Selbstporträt)

Kyrillisch sturmflutend seeanemonisch renn-
mäusisch doppelversternt die Welt ist ein Wahn
denkt der Einsiedlerkrebs und lacht und lacht und
liebt weintrinkend diesen Wahn

Es gibt viel zu tun

Spielen wir Schalmeien Krummhörner Gamben
Banjos Pauken wecken die Menschheit auf beflü-
geln die Evolution färben wir das Grundwasser
himbeerrot ein flechten Zinnien ins Haar setzen
singende Segel in den Wind graben uns durch die
Höhlen der Seele haschen mit dem Schmetterlings-
netz nach kugelförmigen Sternhaufen es gibt viel
zu tun

Bücher sind bunte Kiesel

Was für ein Kribskrabs im Weltall zu entziffern zu
deuten zu vermessen lohnt sich nicht die Vogel-
scheuche lacht kümmert sich um keine Gewitter
den Stein des Weisen gibt es nicht Bücher sind
bunte Kiesel Läuse Fata Morgana Mandarinen hä-
morrhagisch ribulorend doch doch Sokrates lebt
Rosenlikör ist zu trinken oder deinen Leib damit
einzureiben Mund an Mund

Und das auf diesem Planeten

Der Rauchkrautdenker denkt und denkt rauchig
krautig mirumbolesk der Altokumulus floccus übt
Pirouetten ein Fest findet statt mit türkischem Ho-
nig Papierschlangen Feuerschluckern Bratwurst-
stand in der Manege der Welt das Irrenhaus hat alle
Tore geöffnet Masseusen bieten sich an am Gold-
fischteich kopulieren Rokokofrisierte unter der
Toga tut sich allerlei tätowierte Seeräuber zünden
Feuerwerkskörper Abnormitätenkabinett und das
auf diesem Planeten

In deinen Armen

O Lacrimae Christi zu trinken den würzigen gold-
farbenen süssen Wein von den Hängen des Vesuv
in deinen Armen

Kasperlzipfelmützig das Wort

Kasperlzipfelmützig das Wort die Aseptik bleibt
Täuschung wir beschupsen uns alle doch wie schön
ist der Riedfrosch Nachtkonzert auftanzend im
dunklen Traum

In diesem Puls

Schlummsulorend der Florteppich der Lust fisch-
grätig marcatissimo die Angst wer viel sagt sagt
nichts wer schweigt sagt viel lehmfarbene miozäne
Nacht in diesem Puls den wir eng angeschmiegt er-
horchen